AF262412

COUP-D'OEIL

SUR

LA SITUATION POLITIQUE

DE L'EUROPE.

COUP-D'OEIL

LA SITUATION POLITIQUE

DE L'EUROPE,

Par Joseph DIACON.

A PARIS,

De l'Imprimerie ordinaire du Corps législatif, au Dépôt
des Lois, rue Saint-Honoré, n.° 323.

SEPTEMBRE 1806.

COUP-D'ŒIL

SUR

LA SITUATION POLITIQUE

DE L'EUROPE.

Lorsque l'histoire traduira les nations contemporaines au tribunal de la postérité, les races futures ne croiront jamais que l'Angleterre se soit souillée des crimes qui ont ensanglanté le globe !.... Retardez votre course, siècles à venir, vous frémirez d'horreur au récit des forfaits du cabinet de Saint-James !.... C'est pour assouvir l'ambition de ce Gouvernement odieux que des générations entières ont été précipitées dans la nuit éternelle !....

En déchirant le traité d'Amiens, le cabinet de Saint-James a donné à l'Europe une preuve éclatante de sa perfidie ! En rompant la paix, l'Angleterre a mis la France à portée de lui faire la guerre avec succès. Oui, la Grande-Bretagne a démontré la faiblesse de ses moyens et l'impéritie de sa politique : elle a découvert à l'illustre chef des Français le côté vulnérable sur lequel ce héros pouvait la frapper !........

Vainement le génie de l'Angleterre conspire : l'heure de sa destruction a sonné. L'Empire britannique est ébranlé jusques dans ses fondemens ! L'Écosse fermente ; l'Irlande lime ses fers dans l'atelier de la liberté ; l'Inde combat ses oppresseurs ; L'Angleterre n'est plus qu'un volcan : déjà la lave révolutionnaire circule dans son sein et menace de la dévorer !.... Le soleil de demain peut éclairer le jour de sa ruine ; c'est envain qu'une nouvelle coalition prétendrait empêcher la chute de ce colosse qui menace d'écraser l'Univers du poids de sa domination ! Quoi ! les intrigues et l'or du cabinet de Saint-James seraient assez puissans pour s'opposer aux arrêts des destins !....

L'Europe fatiguée de la guerre, attend, dans les alarmes, le résultat des négociations qui doivent décider de son sort.

L'horison politique s'obscurcit : le nord est le point sur lequel se fixent les élémens de la guerre.

La lenteur que l'Autriche met à exécuter les conditions du traité de Presbourg ; la cession du duché de Lawenbourg aux Suédois, et l'entrée des Anglais dans le Weiser ; la réconciliation ou plutôt la querelle simulée de la Prusse avec la Suède, pour cacher la véritable cause de leur armement respectif ; le refus de l'Empereur

Alexandre de ratifier les préliminaires d'une paix qu'il a demandée, et le rassemblement des armées russes en Pologne ; l'entrée des escadres britanniques dans le Tage ; l'intimité et les liaisons secrètes qui règnent entre les cours de Londres, de Stockholm, de Vienne, de Lisbonne et de Berlin ; l'influence que l'Angleterre a reprise sur l'esprit qui dirige ces divers cabinets, et les obstacles qu'elle fait naître pour ralentir les progrès des négociations entamées avec la France : tout semble annoncer le renouvellement des hostilités ; cependant l'espoir de la paix, quoique douteux, n'est point encore détruit.

Le cabinet de Saint-James emploie toutes les ressources de son génie pour renouveler les horreurs de la guerre qui ensanglante l'Europe. L'observateur impartial se convaincra de cette vérité en jetant un coup-d'œil sur la situation politique dans laquelle se trouvent les différens États du continent, soit depuis la rupture de la paix d'Amiens, soit depuis la ratification du traité de Presbourg (1).

---

(1) Le sang russe fume encore dans les champs d'Austerlitz, et l'on ose menacer la France !.... Sur quoi donc fondent-ils leurs espérances, ces rois insensés qui n'existent que par la générosité de leur vainqueur. L'Empereur Alexandre, défait en Moravie, n'a point été fait prisonnier

La Suède a manifesté la première sa haine contre la France; elle a préféré les subsides de la cour de Londres à l'amitié de l'Empereur Napoléon. L'esprit de vertige qui anime Gustave-Adolphe sera funeste à son royaume. Il dépeuple ses provinces pour grossir une armée inutile à la prospérité de l'État. Les arts languissent en Suède; l'industrie de ses habitans est paralysée; et le commerce ne tire pas un parti aussi avantageux qu'il le pourrait, des golphes de Bothnie et de Finlande. Il était plutôt de l'intérêt des Suédois d'observer les progrès de la guerre, que d'y prendre part. Gustave-Adolphe aurait dû se tenir prêt à profiter des révolutions qui environnent le trône de Russie, et saisir la première occasion de reprendre ses anciennes frontières. Depuis long-temps ce jeune prince n'est plus en relation avec le cabinet des Tuileries : il s'est déclaré le protecteur des Bour-

---

de guerre parce que l'Empereur Napoléon a voulu lui épargner cette honte. François I ne règne sur l'Autriche que parce que le chef des Français a bien voulu le laisser remonter sur le trône ; Frédéric-Guillaume était chassé de ses États, si les armées françaises eussent été dirigées sur Berlin après la bataille d'Austerlitz. Que seraient devenues la Saxe et la Hesse, etc., etc., sans la modération du héros Français ?....

bons. Sans réfléchir à la faiblesse de ses moyens personnels, sans considérer la pénurie de ses finances et l'état misérable dans lequel la Suède est réduite depuis la mort de Charles XII, l'élève du duc de Sudermanie se croit assez puissant pour renverser l'Empereur Napoléon du trône, et lui substituer un des rejetons de la dynastie proscrite par le peuple français! Le monarque Suédois devrait réfléchir qu'il serait plus prudent qu'il apprît à bien gouverner ses sujets, avant de vouloir donner des lois aux autres nations.

La Prusse, long-temps fidelle à ses engagemens, ne s'est point laissée séduire par les fallacieuses promesses de l'Angleterre. Elle a refusé l'or du cabinet de Saint-James, et n'a point voulu vendre ses soldats à un Gouvernement corrupteur, dont elle connaît l'ambition et la perfidie.

On s'étonne aujourd'hui de voir la cour de Berlin renoncer au système de neutralité qu'elle avait adopté depuis le traité de Bâle. Frédéric-Guillaume rendra compte à la postérité des motifs qui le déterminent à compromettre sa gloire, l'intérêt de ses sujets et la sûreté de son royaume.

L'armement de la Prusse, dans les circonstances actuelles, est un problème politique que la suite des événemens pourra seule résoudre.

Les ténèbres dont s'enveloppe la diplomatie

se dissipent : tout prouve que la mésintelligence qui paraissait régner entre les Suédois et les Prussiens, n'était qu'un prétexte spécieux pour cacher des vues hostiles d'une autre nature que celles qu'on lui supposait dans le principe.

Si ces préparatifs militaires sont dirigés contre la France, ils amèneront un changement de dynastie en Prusse, et l'or de l'Angleterre ne rendra pas à Frédéric-Guillaume sa couronne (1).

La sage neutralité du Dannemarck lui a procuré de grands avantages : il peut encore en espérer du démembrement de l'Empire germanique. Par suite de cette dissolution, les villes anséatiques doivent perdre leur liberté et devenir la récompense des Princes fidelles à la France.

Avant le dernier bombardement de Copenhague par les Anglais, le Dannemarck n'avait point été désolé, depuis près d'un siècle, par le fléau de la guerre. Il doit peut-être cette longue paix à la sagesse de sa diplomatie. Tous ses traités étant basés sur des relations commerciales, doivent nécessairement présenter plus de stabilité. Tant que les Danois suivront les conseils du ministre

----

(1) Le cabinet de Berlin peut-il oublier que les ennemis naturels de la Prusse sont la Russie, qui lui envie la Pologne qu'elle a été obligée de lui céder, et sur-tout l'Autriche, qui conserve contre elle une haine implacable ?

Bernstorff, ils ne doivent point craindre de voir leur tranquillité troublée.

Les comtes d'Oldembourg n'ignorent pas que l'Angleterre, jalouse de la prospérité du Dannemarck, attend une occasion favorable pour secouer le joug que le Sund impose à sa marine. La Grande-Bretagne envie aux Danois le commerce de la Baltique : elle a des prétentions sur les ports de Berghen et de Christiana, et voudrait s'approprier les mâts et les goudrons de la Norwège.

La mort tragique de Paul Ier semblait devoir éloigner pour toujours la Russie de l'Angleterre. Il n'existe aucun point de contact entre ces deux nations, dont l'intérêt réciproque s'oppose à toute espèce d'alliance, puisque la trop grande puissance de l'une doit être un sujet de crainte continuelle pour l'autre ; mais le cabinet de Saint-James n'a point d'armées à opposer aux Français ; il faut nécessairement qu'il achette des soldats : il profite de la cupidité des rois qui ont la faiblesse de lui vendre le sang de leurs sujets, pour aplanir les difficultés qui s'opposent au succès de son ambition. Le cabinet de Saint-James répand l'or dans les canaux de la corruption, et recueille, à la cour de Pétershourg, le fruit qu'il devait attendre de sa profonde politique..

Catherine II, plus habile que ses successeurs,

a profité de la révolution française pour s'emparer de la plus belle portion de la Pologne : on sait avec quelle adresse elle a su exciter la guerre contre la France sans s'y engager trop avant. Après avoir adhéré aux projets de la Prusse et de l'Autriche, elle a borné ses secours à faire de grandes promesses, dont le résultat a été de joindre aux flottes anglaises, une escadre pour exercer sa marine sans la compromettre.

La Russie, armée par un Gouvernement perfide, a l'imprudence de franchir les limites que la nature a placées entre la France et ses États. L'expérience terrible qu'ont faite les soldats d'Alexandre dans les plaines de Zurich, de Wertingen et d'Austerlitz aurait dû corriger la cour de Pétersbourg de ses folles entreprises et lui apprendre qu'elle ne peut rien contre une puissance qui a toujours vaincu les hordes farouches du Volga et du Tanaïs.

L'héritier de Pierre-le-Grand s'apercevra trop tard des fautes qu'il commet aujourd'hui.

Depuis long-temps la Russie a fixé ses regards sur la Morée, Malte et l'Archipel. Les Anglais flattent l'ambition du Czar qui trésaille de joie à l'idée de voir les étandards moscovites flotter sur la mosquée de Sainte-Sophie ! On entretient ses espérances ; on lui promet de l'aider à réaliser des chimères gigantesques qui ont flatté l'ambition de ses ayeux ! Le cabinet de Saint-James le plonge insensiblement dans l'abyme ! Tel est l'effet de son astucieuse diplomatie, qu'elle doit opérer la perte des rois et le malheur des peuples imprévoyans qui n'auront pas eu la force de résister à ses conseils et de refuser son or.

Avant la bataille d'Austerlitz, le Divan, trompé par les ennemis du Croissant, s'était déclaré en faveur de la coalition. Par quelle fatalité les Turcs et les Russes ont-ils cessé leurs combats pour réunir leurs armes ! C'est une monstruosité politique que l'Angleterre seule pouvait concevoir.

Le cabinet de Saint-James sent que, pour ruiner les provinces que le Grand - Seigneur possède en Afrique et en Asie, il faut qu'il porte les premiers coups en Europe. Après avoir intrigué dans le sérail, il était parvenu à jeter l'inquiétude dans le Divan. L'Angleterre peignait l'Empereur NAPOLÉON comme un nouveau Constantin, qui voulait rétablir l'Empire d'Orient et placer son trône dans Byzance. Ces folies diplomatiques réussirent un moment; mais les projets du cabinet de Saint-James furent démasqués, et cette alliance dangereuse n'eut pas tout le succès qu'il en attendait. Sélim s'aperçut du piége qu'on lui tendait pour le précipiter du trône des Sultans et le chasser de l'Europe. Ce Prince, effrayé du sort qui le menaçait, renonça bientôt à une ligue formée pour le perdre.

La Porte-Ottomane se trouve dans une position critique : son sort dépend du parti qu'elle va prendre dans les événemens qui se préparent ; il est de son intérêt de ne se laisser séduire, ni par les promesses de l'Angleterre, ni par les menaces de la Russie.

Le Grand-Seigneur a besoin de conserver son indépendance pour rétablir la tranquillité dans ses États, et raffermir son trône ébranlé : il est perdu s'il manque d'énergie et s'il se laisse diriger par les intrigues du sérail.

L'Empire de Mahomet tombe de toutes parts ! La sédition est organisée dans toutes ses provinces ; les feux de la guerre civile entourent Constantinople ; les Arabies sont en proie à des dissensions intestines ; les peuples du Caucase viennent de passer sous la domination d'Alexandre qui étend son Empire dans la Perse. La Russie dirige les Monténégrins ; elle cherche à s'emparer de la Valachie et de la Moldavie, qu'elle a mises sous sa dépendance, avec autant de facilité qu'elle a établi des fortifications sur le Phase. Les escadres moscosvites envahissent insensiblement la navigation de la mer Caspienne et du Pont-Euxin : leurs vaisseaux mouillent au pied des Dardanelles; et, si les Turcs négligent leurs intérêts, il y a lieu de présumer que la garde des Sept-Tours sera incessamment confiée à des Cosaques !....

Depuis long-temps les Pachas de Janina et de Natolie méconnaissent l'autorité du Grand-Seigneur, qui contient avec peine la Morée et les Iles de l'Archipel; la Servie secoue le joug; Paswan-Oglou menace de recommencer la guerre, et les Arnautes veulent affranchir l'Albanie ! Elfi-Bey a levé l'étendard de la révolte en Égypte ; la Syrie , la Phénicie et la Palestine sont déchirées par les factions : en un mot, toutes les provinces de ce vaste Empire sont tellement désorganisées, et le Divan a si peu d'énergie, qu'il regarde comme un jour heureux celui où il n'apprend pas une nouvelle révolte. Quels conseils peut-on donner à un Gouvernement encore au berceau des connaissances humaines (1) ?

Si les Hollandais avaient eu moins l'amour du

---

(1) La crise violente dans laquelle se trouve la Turquie menace cet empire d'une révolution qui doit amener sa ruine. Il dépend de la volonté de la France de fixer l'époque de cette catastrophe. Avant la bataille d'Austerlitz, il était probable que la Russie frapperait les premiers coups : actuellement le sort des Turcs en Europe est entre les mains de l'Empereur Napoléon. L'Angleterre a corrompu le Divan, et les fiers Ottomans énervés par la mollesse, attendent la volonté des destins.

commerce et de la marine, la Grande-Bretagne n'aurait jamais eu l'idée de leur faire la guerre ; mais ce peuple probe et industrieux est sorti de ses marais pour former des établissemens sur tous les points du globe ; ses flottes ont rivalisé celles de l'Angleterre et lui ont disputé, avec avantage, la suprématie du commerce aux Indes orientales. Ces motifs réunis étaient plus que suffisans pour déterminer le cabinet de Saint-James à s'armer contre les Bataves, qui ont senti le besoin d'appeler au trône de Hollande un prince du sang de Napoléon-le-grand, pour diriger les coups qu'ils doivent porter aux fils de l'implacable Albion ! ......

La situation géographique de l'Helvétie rend les Suisses les alliés nécessaires de la France, à laquelle ils garantissent soixante lieues de frontières. L'Helvétie a peu de moyens de commerce ; et l'industrie de ses habitans, bornée par la localité, ne leur permet pas d'augmenter leurs resources (1).

Cependant la Suisse n'est plus ce pays sauvage hérissé de montagnes impraticables, où peu de soldats pouvaient arrêter une grande armée. A

____

(1) Les étoffes de soie de Zurich, les mousselines de Saint-Gall, les imprimeries de Lauzanne et de Bâle sont leurs seuls moyens d'échanges.

l'exception de quelques glaciers, toutes les montagnes sont cultivées et garnies de villages. Des grandes routes facilitent les communications, en tous sens, des frontières au centre.

Le système fédératif de l'Helvétie, la variété de ses différens Gouvernemens, le peu d'étendue de chacun des États qui la composent, neutralisent la force de cette nation belliqueuse, dont les intérêts, d'accord avec ceux des peuples qui l'environnent, exigent un changement dans l'organisation vicieuse de l'oligarchie qui règne sur les cantons confédérés.

En fixant le sort de l'Europe, l'Empereur Napoléon déterminera, sans doute, quelle espèce de gouvernement convient le mieux aux Suisses pour assurer le bonheur de ses fidelles alliés.

Le Portugal met plus de circonspection que de franchise dans sa conduite. L'Empereur Napoléon a des preuves que la neutralité des Portugais est plutôt l'effet de la crainte que de l'amitié. On doit se rappeler qu'au mépris des traités, les flottes anglaises sont entrées plusieurs fois dans le Tage, où elles furent accueillies, et que, récemment, elles y seraient restées plus long-tems sans l'ordre positif que les ambassadeurs de France et d'Espagne donnèrent de les chasser.

Par le fait, le Portugal est une province de la

Grande-Bretagne, et Lisbonne l'entrepôt de son commerce dans les deux hémisphères : cet avantage est grand; mais comme il est précaire, l'Angleterre sent qu'il est de son intérêt d'engager les Portugais à se prononcer en faveur de la coalition. Le jour où les Français porteront leurs armes dans le Portugal, les Anglais se rendront maîtres du Brésil; et sous le prétexte de défendre les possessions de leurs alliés, ils s'empareront des richesses qu'ils convoitent depuis deux siècles.

L'Espagne, reléguée à l'extrémité de l'Europe, a senti la nécessité de lier sa cause à celle de la France. Ses vaisseaux réunis à la marine française vengeront les deux peuples du désastre de Trafalgar. La fidélité de la cour de Madrid sera récompensée : elle peut espérer de voir un jour le Portugal rentrer sous sa domination.

Après avoir expulsé de la Toscane un prince de la maison d'Autriche, la France a donné aux Castillans une preuve de son attachement, en choisissant un infant d'Espagne pour monter sur le trône d'Étrurie : il faut espérer que la régence de la reine-mère profitera de l'esprit actif et laborieux des Toscans pour exciter leur émulation et leur faciliter les moyens d'étendre leurs relations commerciales. La beauté et la sûreté des ports de Livourne et de Florence doivent fixer l'attention du Gouvernement, qui est intéressé à leur rendre la splendeur dont ils ont joui sous le règne glorieux des Médicis.

Il est inutile de faire aucune observation particulière sur le royaume d'Italie, puisque cet État, gouverné par l'Empereur Napoléon, est administré comme la France, et que, par le fait, les deux peuples, réunis par les mêmes intérêts et les mêmes affections, ne forment plus qu'une seule nation. Il suffit de dire que le port de Gênes, rendu à sa véritable destination, sera l'entrepôt du commerce des Français et des Italiens dans la méditérannée, et que Venise, ranimée par le génie qui la protége, reprendra bientôt son antique splendeur.

Au milieu des événemens qui ont changé la face de l'Italie, le Gouvernement théocratique de Rome est trop faible pour se soutenir comme puissance temporelle. Son existence politique est un fantôme qui disparaitra lorsque l'Empereur des Français le jugera convenable aux intérêts du peuple romain.

Le royaume de Naples, gouverné par un prince sage, doit sortir de l'obscurité dans laquelle le parjure Ferdinand l'a plongé pendant son règne (1).

____

(1) Ce beau royaume, heureusement situé à l'extrémité de l'Italie, n'étant point environné de voisins dangereux, n'a pas sujet de craindre des guerres perpétuelles et des passages d'armées inévitables et ruineux, comme l'Italie septentriona'e.

Depuis la paix de Presbourg, l'Autriche paraît s'occuper de réparer ses pertes : on doit présumer que de long-temps elle ne songera à recommencer la guerre ; cependant la composition de son ministère, la faveur dont jouit M. de Stadion, les conseils de M. de Thugut, et l'influence que les ennemis de la France ont reprise sur l'esprit de François I, indiqueraient que l'Autriche attend l'occasion où elle pourra reparaître avec succès sur la scène politique.

L'homme heureux compte beaucoup d'amis ; c'est dans l'adversité qu'un sage en fixe le nombre. La France triomphante est entourée de nations qui briguent l'honneur d'être ses alliées : les rois, les princes souverains réclament la protection de son illustre chef. Tous se déclarent ses amis et implorent sa bienveillance ; mais si, par un malheur que l'humanité ne peut prévoir, les armées françaises éprouvaient le plus léger revers, ces mêmes princes, ces mêmes potentats, qui aujourd'hui se glorifient de l'honneur d'être les confédérés du peuple français, demain jeteraient le masque qui couvre leur perfidie, et tourneraient leurs armes contre le héros à qui ils ont juré l'alliance la plus fidelle, et le dévouement le plus inviolable (1).

---

(1) La loyauté des rois de Bavière, de Wurtemberg, du prince Primat, etc. prouve que cette observation ne leur est point applicable.

L'Autriche proteste de sa fidélité : je crois à la sincérité de sa neutralité; cependant si les chances de la guerre étaient un instant douteuses, la France ne devrait-elle pas craindre de la voir réunir ses armes à celles de la coalition ? L'expérience du passé doit être une leçon pour l'avenir. La violation des préliminaires de Léoben , de Campo-Formio et la rupture du traité de Lunéville pourraient faire appréhender que l'Autriche ne respectât pas davantage le traité de Presbourg. Mais, dans ce cas, François I ne s'exposerait-il pas à perdre une seconde fois sa couronne ? (1)

L'Autriche, après avoir perdu pour jamais les Pays-Bas qui lui donnaient des connexions avantageuses avec la France , la Hollande et l'Angleterre, s'est vu arracher la Lombardie et successivement toutes ses provinces d'Italie : par le démembrement du Corps Germanique et par la dissolution de cette association politique, elle vient de perdre l'influence attachée à la dignité de chef

______

(1) Par la dissolution du Corps Germanique , l'Autriche ne doit plus considérer le reste de l'Allemagne que comme un pays intermédiaire entre elle et la France , avec laquelle n'ayant plus de point de contact par la perte de ses provinces d'Italie , elle n'a plus de motifs de contestations qui donnent lieu à de nouvelles guerres, dont les résultats lui seront toujours funestes.

de l'Empire. François I connaît tous les avantages qu'il a perdus ; mais son orgueil humilié est plus blessé que ses intérêts. Le cabinet de Saint-James, attentif à saisir l'occasion qui lui paraît favorable pour assouvir sa haine et son ambition, excite les regrets de la cour de Vienne en exagérant le prix de ses pertes : il lui représente continuellement que, par la conquête de la Belgique, l'Empire français a augmenté sa navigation par la Sambre, la Meuse et la Lys. L'Angleterre n'ignore pas que cette réunion donne à notre marine les ports d'Ostende et d'Anvers et lui ouvre celui de Flessingue (1). Le cabinet de Saint-James sait également que les Pays-Bas produisent toutes les matières nécessaires à la construction des vaisseaux ; les métaux, les bois, les chanvres y abondent : la Belgique fournit de bons soldats à nos armées, augmente nos productions en grains et enrichit notre commerce par ses toiles et ses dentelles.

L'Autriche n'a pas su profiter du traité de Lunéville qui lui était avantageux sous tous les rapports politiques et militaires, puisqu'en indem-

---

(1) Le port de Flessingue procure à la France et à la Hollande les moyens de construire et de naviguer sur la mer Baltique, et sa situation à l'embouchure de l'Escaut rend son port très-commerçant.

nité de la Lombardie, elle gagnait le Frioul, l'Istrie, la Dalmatie vénitienne et la superbe ville de Venise. Par ce traité qui lui donnait des ports et des moyens de commerce, elle pouvait créer une marine et établir des comptoirs sur l'Adriatique, qui lui auraient facilité ses relations dans les Échelles du Levant. La paix de Presbourg enlève à François I cette brillante partie de ses États en faveur du royaume d'Italie. Ces motifs sont suffisans pour accroître la jalousie des Anglais et donner à leur ministère l'occasion d'exercer sa diplomatie.

Quoi! l'Autriche pourrait recevoir l'or du cabinet de Saint-James pour entrer encore une fois en lice avec la France! Ne se rappelle-t-elle plus l'époque où ses soldats, fatigués d'être continuellement battus, refusaient le combat, posaient les armes ou fuyaient devant les aigles françaises qu'ils n'osaient plus regarder en face! François I peut-il oublier que toutes les provinces de son Empire ont été envahies par les Français qui ont régné dans Vienne!.. Ne se rappelle-t-il plus que naguères tous ses peuples, ruinés et découragés, imploraient la paix du vainqueur d'Austerlitz!.... L'Europe sait que le trône des Césars tombait sans la générosité de l'Empereur NAPOLÉON! Ah! pourquoi faut-il que sa clémence ait retenu son bras victorieux!....

. L'Europe s'abuse si elle compare l'état actuel de la France à ce qu'il fut autrefois : son erreur est grande si elle croit trouver les Français comme ils étaient sous le règne de leurs derniers rois, ou tels encore qu'ils furent dans ces temps désastreux où les vengeances exécutaient des lois dictées par la terreur !.... Tout est changé !..... La France prospère en dépit du cabinet de Saint-James, qui a commis tous les crimes pour la sacrifier à sa haine et à son ambition !.... Le ministère Britannique se préparait à jouir du fruit de ses attentats, lorsque Bonaparte parut en France et la sauva ! .... Le génie de l'Angleterre fut étonné : il pâlit devant celui de Napoléon.

La guerre continentale à forcé la France d'abandonner à l'Angleterre l'empire de la mer ; cependant les Français ne sont pas restés inactifs, et pendant que leurs armées triomphaient en Allemagne et en Italie, et portaient la terreur de leurs armes jusqu'aux frontières de la Pologne et de la Dalmatie, leurs escadres, multipliées sur tous les points, ont fait essuyer de grandes pertes au commerce anglais, tant dans les mers de l'Inde, que dans celles d'Amérique et d'Europe. Le génie entreprenant et hardi des Français les rend propres à tenter et à exécuter la conquête de la Grande-Bretagne ; c'est parceque le cabinet de Saint-James est convaincu de cette vérité effrayante, qu'il soudoie des ennemis contre la France, dans l'espoir qu'il a de retarder la catastrophe qui doit anéantir sa puissance (1).

Le jour où la paix continentale sera rétablie, les Anglais seront ruinés en Europe. Le commerce de Brême, de Hambourg, de la Baltique et du Nord, leur sera fermé. Par suite de ce coup funeste, leurs manufactures, déjà languissantes, tomberont

---

(1) Les Anglais s'opposent à la paix, parce qu'ils sentent que la France, dirigée par le génie qui la gouverne, tournera toutes ses forces vers la marine. Les Anglais sont moins incrédules que certains obstinés qui ne veulent pas croire une descente possible ; cependant il est prouvé que les escadres qui font la confiance d'une puissance maritime, sont sujettes aux caprices de l'élément sur lequel elles stationnent. Il n'est pas sans exemple qu'on ait vu nos vaisseaux échapper aux flottes anglaises. Tous les marins savent que le canal qui sépare la France de l'Angleterre, a un courant habituel ; que les vents y sont constamment périodiques, que leurs variations sont de peu de durée et que conséquemment une escadre ne peut jamais bloquer un port par une station fixe, parce qu'elle est entraînée par les courants et les vents, sur-tout quand ils se réunissent dans la même direction. L'Angleterre n'ignore pas que, dans les parties les plus rétrécies de la Manche, la traversée d'un côté à l'autre n'exige que peu d'heures ; que le canal est très-souvent couvert de brouillards ; qu'enfin une escadre partant des côtes de France pour arriver à une destination fixe, peut échapper aux croiseurs, puisqu'il ne faut qu'une nuit pour arriver d'un côté à l'autre.

entièrement. Les corsaires se multiplieront sur tous les points, et les denrées de leurs colonies seront interceptées ou resteront emcombrées dans leurs magasins.

En examinant la situation politique et militaire des Anglais dans l'Inde, il est difficile de concevoir la sécurité apparente qu'ils manifestent sur la solidité de leurs possessions dans ces contrées lointaines. Qui peut se dissimuler que leur puissance en Asie n'est pas aussi réelle qu'elle est brillante? En effet, si l'on considère la position dans laquelle l'Angleterre se trouve actuellement dans cette partie du globe, on sera convaincu que, malgré tous les sacrifices qu'elle a faits pour conquérir la paix, elle est sans cesse menacée d'une nouvelle guerre, dont les chances incertaines peuvent amener la ruine de ses établissemens, et par la suite, son expulsion de l'Asie.

La Grande-Bretagne doit craindre les Marattes : ce peuple belliqueux, dirigé par Holkar, peut encore l'attaquer avec succès du coté du Nord de l'Indostan et ruiner ses comptoirs établis à Goa et à Bombai. Le Mogol peut sortir de son inertie et les Nababs de Mysoure et de Carnatte ne sont pas assez affaiblis pour ne pas donner une inquiétude continuelle au cabinet de Saint-James, qui craint ces ennemis autant qu'il se défie de ses propres soldats, dont l'esprit actif aspire à l'indépendance (1).

La guerre est avantageuse à la Grande-Bretagne. Pendant que l'Europe combat pour les intérêts de l'Angleterre, elle fait le commerce du monde, domine en Afrique, assujettit l'Asie et prépare la conquête de l'hémisphère américain ! Lorsque le sang coule dans les champs germaniques ou dans les plaines de la Lombardie, la Grande-Bretagne est tranquille : elle est insensible aux calamités de la guerre, parce qu'elle n'en ressent pas les effets, et qu'alors elle ne craint pas de voir les Français marcher sur Londres. L'Angleterre ne dépeuple pas ses provinces, n'épuise pas ses trésors comme l'Autriche, la Russie et la Suède : elle soudoie les coalisés, il est vrai ; mais c'est à leurs propres dépens, si l'on considère que les Anglais profitent, par leur commerce, des richesses dont ces peuples jouiraient si la paix continentale ouvrait toutes les portes à l'industrie.

La Grande-Bretagne, éblouie par les succès de sa

____

(1) Cette assertion paraîtra fondée quand on se rappellera l'anxiété dans laquelle se trouva la cour de Londres lorsqu'on répandit le bruit que le lord Welesley s'était rendu maître des domaines qu'il était chargé de conserver. Enfin, si un chef habile voulait secouer le joug de l'Angleterre dans l'Inde, qui pourrait s'y opposer ?

politique, ne voit pas le terme de sa prospérité. En faisant éclater la guerre sur le continent, elle évite le coup mortel que l'Hercule français allait lui porter. En éloignant le champ de bataille des bords de la Tamise, le cabinet de Saint-James démontre la faiblesse de ses moyens, en même-temps qu'il prouve la puissance de ses intrigues.

L'Angleterre, toujours jalouse de la France, est encore plus acharnée contre elle, depuis que le vœu des Bataves a appelé le prince Louis au trône de Hollande, et que l'Empereur Napoléon, après avoir puni le perfide Ferdinand, a désigné son auguste frère Joseph, pour régner sur les Napolitains. Ces changemens de dynastie et de Gouvernemens, sanctionnés par la volonté des nations, sont moins les motifs d'une nouvelle guerre, que le démembrement de l'Empire germanique, qui ôte pour toujours aux rois d'Angleterre, l'espoir de reprendre leur influence sur le continent, comme membres de la diète de Ratisbonne.

Le but de la coalition n'est pas de remettre les Bourbons sur le trône. Les intérêts et les prétentions des descendans de Louis XVI ne sont pas les motifs qui obligent leurs protecteurs à s'armer contre les Français. Déchirer le sein de la France; arracher le sceptre des mains de l'Empereur Napoléon; anéantir la dynastie qu'i la fondée; se partager son Empire, ou s'en disputer les lambeaux, telles sont les vues du cabinet de Saint-James et l'espoir de la coalition ! (1).

Le délire qui égare les rois conjurés contre la France, n'est pas une preuve de leurs succès !... En examinant l'état florissant dans lequel se trouve cet Empire, on concevra difficilement le sujet qui cause leur sécurité. L'or de l'Angleterre ne peut rien contre un Gouvernement incorruptible ! Quelles entreprises le cabinet de Saint - James peut-il tenter contre un monarque qui ne confie ses secrets à personne, et qui exécute avec audace ce qu'il médite avec sagesse !

L'ambition de l'Angleterre ne se borne pas à empêcher la France d'établir des comptoirs pour étendre son commerce sur toutes les parties du Globe. Le cabinet de Saint-James prétend encore paralyser l'énergie des Français, au point de les

---

(1) Il paraît que le plan des puissances belligérantes est d'obliger l'Empereur Napoléon à diviser ses forces : ils espèrent par ce moyᵉ, qui décèle leur faiblesse, vaincre plus facilement des armées partielles répandues sur diverses parties du continent; ils craignent de se défendre ou d'attaquer sur un seul point toutes les forces réunies de la France et de ses alliés.

Pendant que la grande armée triomphera dans le Nord, l'armée de Dalmatie contiendra les Russes, et Massena pacifiera l'Italie. Les braves qui défendent nos côtes, les mettront à l'abri des insultes de l'Angleterre.

rendre ses tributaires et de leur faire subir le joug qu'il impose aux peuples de l'Orénoque, du Gange et du Sénégal.

Les Anglais poussent leurs prétentions jusqu'à exiger que la France cède ses principales Colonies, détruise sa marine, recule ses limites à ses anciennes frontières, renonce à son alliance avec la Hollande, la Suisse et l'Italie : ils veulent donner des lois à l'Europe et dominer sur les mers. Le cabinet de Saint-James exige qu'aucun pavillon ne puisse flotter sans sa permission, et que toutes les puissances maritimes soient ses tributaires. Le péage du détroit du Sund est un droit dont ils veulent s'affranchir, afin de régenter l'Elbe, Copenhague et la Baltique.

La position dans laquelle se trouve actuellement la France, est brillante ; celle de ses ennemis est incertaine. En effet, si l'on considère la valeur et la puissance réunies sous des drapeaux toujours victorieux, l'on sera convaincu que la quatrième coalition éprouvera le même sort que celles qui l'ont précédée. Quelles combinaisons peut-on former contre un ennemi qui n'a qu'un seul intérêt, qu'une seule volonté et qu'une seule action dirigées par le plus puissant génie !....

Le rassemblement des Russes en Pologne, l'armement de la Prusse, de la Saxe et de la Hesse, l'entrée des Suédois dans l'Hanovre, et les dispositions hostiles du Nord de l'Allemagne, ont fixé l'attention de l'Empereur Napoléon sur les mouvemens militaires de l'Europe. L'expérience ayant appris à ce monarque qu'il ne devait pas compter sur la foi punique des cabinets vendus à l'Angleterre, il a jugé convenable aux intérêts de son Empire de mettre ses armées en mouvement et de se préparer à la guerre.

Si les hostilités recommencent, on en peut prévoir d'avance le résultat : honte pour la coalition, gloire pour la France, et profit momentanée pour la Grande-Bretagne.

La commotion qui doit résulter de la guerre qui menace d'embraser l'Europe, ne doit point ébranler les fondemens de la confédération du Rhin. L'Empereur des Français en étant le chef, empêchera qu'il ne soit porté atteinte à son intégrité.

Le cabinet de Saint-James peut acheter les armées russes, suédoises et prussiennes ; mais la victoire ne se vend pas : l'Empereur Napoléon l'a attachée à ses drapeaux.

Lorsque l'heure des combats sonnera, les vainqueurs du Rhin, d'Arcole, de Marengo et d'Austerlitz reparaîtront avec joie sur le théâtre de leur gloire : déjà le cœur des conscrits brûle d'égaler la valeur des vétérans de l'armée. Malheur aux mercenaires qui oseront disputer les honneurs du triomphe aux 5oo,ooo soldats de l'Empereur des Français ! ! !

F 1 N.